AF563405

Автор:

Sylva Nnaekpe

Книги можно заказать через магазины или
Через контакт Silsnorra Publishing at:
silsnorra@gmail.com

ISBN: 978-1-951792-07-7 (мягкая обложка)
ISBN: 978-1-951792-03-9 (жесткий кавер)
ISBN: 978-1-951792-31-2 (электронная книга)

Печать информации доступна на последней странице.

Silsnorra Publishing Дата обзора**: 10/18/2019**

Мое рождение к

счастье, радость и

смех.

Это было самое

красивое зрелище.

У меня больше всего

Красивые черты:

Волосы, глаза, нос,

Уши, зубы и рот-прямо

как Другие люди.

Мое сердце полно сострадания, любви и заботы. У меня есть мысли, что я могу позвонить своим.

Я свободный дух, способный, и готов учиться и исследовать новые вещи.

Кровь течёт в моих венах,и я иду через тот же процесс роста и развития, что и большинство других детей.Я учу ползать, говорить, сидеть, стоять, ходить, и бегать, как и многие из детей, которых я встречаю.

Я наслаждаюсь подарками

жизни-воздух, вода, еда,

напиток, солнечный свет,

звезды, пески, и времена

года - как и все остальные.

У меня много энергии. Я одет, чтобы соответствовать времена года, и я крутой парень. Меня окружают люди, которые заботятся и хотят видеть, как я делаю хорошо.

Я буду расти, чтобы

быть кем я хочу и

выбирать быть, с помощью

и поддержки людей,

которые меня любят,

заботятся обо мне, и

находятся вокруг меня.

Меня любят, и мне

не все равно.

Некоторые вещи могут

попытаться нас разделить,

но я уверен, что вместе

мы можем сделать мир

лучше, чем он есть сейчас.

Меня зовут иври.

Я прекрасна,

И

Как и ты.

www.ingramcontent.com/pod-product-compliance
Lightning Source LLC
LaVergne TN
LVHW072110250826
846485LV00051B/69
* 9 7 8 1 9 5 1 7 9 2 0 3 9 *